Kerstin Jage - Bowler

Spiritualität und Symbole in unserer Zeit

Kerstin Jage - Bowler

Spiritualität und Symbole in unserer Zeit

Fromm Verlag

Imprint

Cover image: von Claudia Bachmann (Berlin). Brunnen-Logo der Initiative THEOZ, Theologen ohne Grenzen (gegründet 2017)

Publisher:
Fromm Verlag
is a trademark of
International Book Market Service Ltd., member of OmniScriptum Publishing Group
17 Meldrum Street, Beau Bassin 71504, Mauritius
Printed at: see last page
ISBN: 978-613-8-37112-0

Spiritualität und Symbole

in unserer Zeit

„Hebt man den Blick, so sieht man keine Grenzen.“
(japanische Weisheit)

„Musik ist ein Gebet ohne Religion.
Und ich bin Musiker ... “
(Giora Feidman)

Inhalt:

1. Menschen auf ihrem Weg auf der Suche nach Gott

Seit Menschengedenken ist der Mensch auf der Suche. - Was sucht der Mensch? Was braucht er/ sie?
Nahrung, - er/ sie will Hunger und Durst stillen.
Erkenntnis.
Liebe.
„Unruhig ist unser Herz, - bis es ruht in Dir, - o Gott." So dichtete Augustin.[1]
In den überaus reichen und verschiedenen Kulturen und Religionen der Welt finden wir unterschiedliche Annäherungen an diese Fragen. -
Laotse beispielsweise (etwa 6. Jh.v.Chr.) werden Sätze wie diese zugeschrieben: „Die größte Offenbarung ist die Stille." Oder: „Das Harte und Starre begleitet den Tod. Das Weiche und Schwache begleitet das Leben." Oder: „Wenn du erkennst, dass es dir an nichts fehlt, gehört dir die ganze Welt." Oder: „Der Weise kennt keine Vorliebe." Oder: „Die großen Dinge der Welt beginnen stets im Kleinen." Oder: „Ich habe drei Schätze, die ich hüte und hege. Der eine ist die Liebe, der zweite ist die Genügsamkeit, der dritte ist die Demut."

In unserer Zeit (21. Jahrhundert) der tiefgreifenden Veränderungen, Umgestaltungen und Verwandlungen ist es zuerst wichtig, dass wir uns vergewissern. - Wir vergewissern uns unserer Wurzeln, unserer Hoffnungen und Ziele.
Jesus sagt: „In meines Vaters Hause sind viele Wohnungen." (Joh 14,2) – Es ist ein Wort, das viele Menschen heute in der Tiefe berührt, öffnet.
Wir erkennen aber auch unsere mannigfachen Ängste, unsere Destruktivität, Aggressivität, Wurzellosigkeit, Orientierungslosigkeit, Hoffnungslosigkeit, unsere Sehn-Süchte, Verwirrungen, Frustrationen und all´ die Gefühle von Sinnlosigkeit.

Diese Spannung auszuhalten ist schwer und nicht wenige suchen einen Weg in der Zerstreuung, der Langeweile oder des Zynismus.
Manche Wege sind nicht von uns gewählt – sie „ereilen" uns sozusagen, „suchen uns heim". - Dazu gehören die heute mannigfaltigen Formen der Depression, der Bipolarität, der Borderline-Störungen usw. - Vergleiche aber auch viele somatische Erkrankungen, die nicht selten einen psychosomatischen Anteil in sich tragen. - „Meine Krankheit ist wie der bellende Hund, der mich auf meinen Schatz hinweist." [2]

---

1 Augustin, Confessiones/ Bekenntnisse I, 1,1.
2 Vgl. das Märchen der Gebrüder Grimm „Die drei Sprachen" sowie eine Auslegung von Anselm Grün, Der bellende Hund in unserem Leben, veröffentlicht in: „Die Welt" vom 29.9.2001.

Manche Menschen aber gehen dennoch geduldig und achtsam von Augenblick zu Augenblick – einen Weg des Friedens und der Liebe. - Nicht selten sind diese Menschen Mystiker.
„Der Mystiker unternimmt den großartigen Versuch, Unendlichkeit bereits im Endlichen zu erfassen und zu beschreiben."[3]
Meister Eckhart z.B. sagt: „Der gegenwärtige Augenblick ist das Fenster, durch das Gott in das Haus meines Lebens schaut."[4]

Nach diesen Menschen gilt es Ausschau zu halten; von ihnen gilt es zu lernen. - Sie weisen uns hin auf das Wesentliche im Leben und im Sterben: die Liebe, die Schönheit, das Licht, die Musik, unsere Fähigkeit, einander zu unterstützen und voneinander zu lernen.
Christina Kessler (Kulturanthropologin, Religionsphilosophin unserer Zeit) schreibt: „Du brauchst Gott nicht hier oder dort zu suchen. Er ist nicht weiter entfernt als die Tür deines Herzens. Dort steht Er und wartet und wartet und wartet, bis du bereit bist, nicht nach ihm in der Ferne zu rufen. Deine Hingabe und sein Hereinkommen sind ein und derselbe Augenblick."[5]
C. Kessler empfiehlt einen Weg, der uns herausführt aus einer Welt der dualistischen Anschauungen und Überzeugungen. D.h. aus der Trennung von Verstand und Geist, von Gut und Böse, von weiblich und männlich, von Mensch und Tier, von Ich und Welt, von Leben und Tod. - Hin zu einer Welt der Ganzheit, des Ein-Klangs, der Verbundenheit und des Ein-Verständnisses – auf dem Weg der Liebe.[6] (vgl. auch Joh 17)
„Der Weg der Liebe (aber) führt direkt zum Kern der Religion, aller Religionen – nämlich mitten hinein in die mystische Erfahrung."[7]

Thich Nhat Hanh (buddhistischer vietnamesischer Mönch und spiritueller Weisheitslehrer unserer Zeit) schreibt:
„Ich hielt einmal in Nordfrankreich, in Lille, einen Vortrag, in dem ich erklärte, ich könnte mir vorstellen, wie Jesus und der Buddha, miteinander Tee trinkend, zusammensäßen und wie der Buddha Jesus fragte: <Mein lieber Bruder, ist es in unserer Zeit wohl zu schwierig, den Menschen in spiritueller Hinsicht wegweisend zur Seite zu stehen? Ist es heutzutage schwieriger als in früheren Zeiten, freimütig und furchtlos zu sein und in

3 R.R. Ropers, Mystiker unserer Zeit im Portrait, S. 10.
4 Deutscher Dominikaner und Mystiker (1260 – 1328).
5 Aus: R.R. Ropers, Mystiker unserer Zeit im Portrait, S. 139f.
6 Aus: R.R. Ropers, Mystiker unserer Zeit im Portrait, S. 141.
7 Aus: R.R. Ropers, Mystiker unserer Zeit im Portrait, S. 141. Vgl. auch den schönen Satz von Halidhara d., einem Hinduisten, in seiner Antwort auf meine E-mail Anfrage: „Es gibt diesen „roten Faden" durch die Mystik der Welt. - Er ist aus meiner Sicht Ausdruck der Urquelle, die durch Arterien und Venen einen komplexen Körper nährt." (E-mail vom 20.7.2017).

den Menschen Verstehen und Liebe zu wecken?>… Als Nächstes hätte er fragen können: <Was, mein Bruder, kann ich tun, um dir zu helfen?> … Mit seinen Fragen ging es dem Buddha um Klärung des Problems, was zu tun sei, um den Menschen zu helfen, und wie das, was in unserer Zeit erloschen und verloren zu sein scheint, wieder herzustellen und zum Leben zu erwecken: nämlich Vertrauen, Mut und Liebe."[8]

Nachdem wir uns vergewissert haben, richten wir uns auf, richten wir uns (neu) aus. - Wir suchen nach einer Perspektive für unser Leben. Wir suchen nach Sinn und Erfüllt-sein.
Leonardo Boff sagt dies so:
„Lebe in Achtung vor allem und in Solidarität mit allen, die während dieses Abenteuers auf der Erde deine Lebensgefährten sind, seien sie Menschen oder nichtmenschliche Wesen, und kümmere dich darum, dass alle weiter existieren und leben können."[9]

Genau dies aber tun wir Menschen – in der Mehrheit jedenfalls – nicht.
Weltweit verschwinden pro Tag 3-130 Tier- und Pflanzenarten, das sind Schätzungen zufolge 100-1000 mal so viel wie Arten auf natürliche Weise verschwinden. - „Neueste Erhebungen gehen davon aus, dass die derzeitige Aussterberate von 3 bis 130 Arten pro Tag um den Faktor 100 bis 1.000 über dem natürlichen Wert liegt. Nach einer Studie des *Stockholm Resilience Centre* von 2009 ist der ermittelte Grenzwert für das verkraftbare Aussterben von Arten bereits um über 1.000 % überschritten und ist damit noch vor dem Klimawandel das größte ökologische Problem; es ist damit auch ein wesentliches Merkmal eines Anthropozän." [10]
Die Zukunft der Insekten beispielsweise, ein dramatisches Beispiel sind die Populationen der Bienen, ist ernsthaft gefährdet. - Beispiel Deutschland: 1990 gab es noch 1,1 Millionen Honigbienen-Völker in Deutschland. In nur 25 Jahren sind sie auf nur noch etwa 700.000 Völker geschrumpft. Von den rund 560 Wildbienenarten in Deutschland ist bereits über die Hälfte stark bedroht.[11]
Der Mensch (ha-adam) wird zu einer Perversion seiner selbst, wenn seiner Gier, seiner Maßlosigkeit und Gedankenlosigkeit keine vernünftigen Grenzen gesetzt werden.[12]

„Die Frage lautet nicht: Was für eine Zukunft hat das Christentum?, die Frage lautet: Was für eine Zukunft hat die Erde, und was trägt das Christentum dazu bei, dass die Zukunft der Erde möglich und lächelnd wird?"[13]

---

8 Thich Nhat Hanh, Jesus und Buddha – ein Dialog der Liebe, S. 155.
9 L. Boff, Die Botschaft des Regenbogens, S. 141.
10 Wikipedia unter dem Stichwort „Aussterben".
11 Aus dem Internet: Petition S. Wiener zur Erhaltung der verschiedenen Wildbienenpopulationen. Vgl. auch den bewegenden Film „More than bees".
12 Beispiele dafür sind die Massentierhaltung sowie die weltweiten, florierenden Waffenexporte und brutalsten Kriege.
13 L. Boff, Die Botschaft des Regenbogens, S. 217.

2. Stimmen unserer Zeit

R.R. Ropers (Religionsphilosoph, Kontemplationslehrer und spiritueller Sprachforscher) porträtiert in seinem Buch „Mystiker unserer Tage im Portrait“ (2017) Denker, Mystiker und Visionäre unserer Zeit. - Einige von ihnen werden hier zu Wort kommen.
Darüber hinaus habe ich einige Menschen, mit denen ich freundschaftlich, familiär oder beruflich verbunden bin, zu den folgenden beiden Fragen befragt:
1. Was sind aus Deiner Sicht die wichtigsten Säulen/ Fundamente Deines Glaubens und Tuns?
2. Welche Symbole sind für Deine Spiritualität wesentlich?

„Die Blüten des Frühlings sind die Träume des Winters.“ (nach Khalil Gibran) - Dieser Satz ist sowohl für die uns umgebende und prägende Natur zutreffend wie auch für unser Denken und Handeln. - Wir sind geboren, verbringen eine kleine Zeit auf dieser Erde, altern/ werden krank/ sterben (mitunter auch ganz plötzlich). Bevor wir da waren, waren unsere Eltern, Großeltern etc. da und ihre Zeitgenossen. Wir sind geprägt, nicht nur genetisch und charakterlich, durch unser Zuhause und durch unsere Sozialisation, die Kultur, die Religion, die Gesellschaft, Wissenschaften, die verschiedenen Weltbilder und Anschauungen. [14]
Für einen Buddhisten wie Thich Nhat Hanh ist folgende Überlegung indes ganz selbstverständlich: „Alle vergangenen und künftigen Generationen waren in unserem Körper gegenwärtig. Wenn wir einen Schritt auf dem zartgrünen Frühlingsgras machen, gehen wir so, dass uns all unsere Vorfahren bei diesem Schritt begleiten können. Der Frieden, die Freude und die Freiheit, die in jedem Schritt liegen, werden die Generationen sämtlicher unserer Vorfahren und Nachkommen durchdringen. Wir gehen mit der Energie der Achtsamkeit … Wir sind eine Fortführung unzähliger Generationen im Lebensstrom.“[15]

Von Thich Nhat Hanh stammt auch der Satz: „No mud – no lotus“. - Dieser Satz führt uns schon mitten hinein in eine buddhistische Meditation. - Diese Übung setzt voraus, dass der menschliche Geist die Fähigkeit hat, sich zu verändern. Schwierige „Gewohnheitsenergien“ können – so erklärt es Annabelle Zinser, Leiterin der „Quelle des Mitgefühls“ in Berlin-Hermsdorf – in eine „Geisteshaltung“ verwandelt werden.
Schwierige Gewohnheitsenergien sind z.B. Angst, Ärger, Ohnmacht, Verzweiflung, Hoffnungslosigkeit, Minderwertigkeitsgefühle. - Diese können, mit Hilfe regelmäßiger und ehrlicher Übung, in Eigenschaften wie Mitgefühl, Achtsamkeit, allumfassende Liebe, Freude, Unparteilichkeit, tiefes Verstehen verwandelt werden.

14 Vgl. z.B. auch die Studien von Sabine Bode zu den Kriegs- und Nachkriegsgenerationen.
15 Thich Nhat Hanh, Versöhnung mit dem inneren Kind. Von der heilenden Kraft der Achtsamkeit, S. 29. 31.

Dies ist Christen nicht unvertraut.
Einige Beispiele: „Denn einst wart ihr Finsternis, jetzt aber (seid ihr) Licht im Herrn; wandelt als Kinder des Lichts! Denn die Frucht des Lichts besteht in lauter Güte und Gerechtigkeit und Wahrheit.“ (Eph 5, 8)
Oder:“Offenbar aber sind die Werke des Fleisches, welche sind: Unzucht, Unkeuschheit, Ausschweifung, Götzendienst, Zauberei, Feindschaften, Streit, Eifersucht, Zornausbrüche, Ränke, Zwietrachten, Parteiungen, Neid, Völlerei, Schwelgerei und was dem ähnlich ist … … Die Frucht des Geistes aber ist Liebe, Freude, Langmut, Freundlichkeit, Gütigkeit, Treue, Sanftmut, Enthaltsamkeit.“ (Gal 5, 19-23a)
Oder: „So ziehet nun als Gottes heilige und geliebte Auserwählte mitleidsvolle Barmherzigkeit, Gütigkeit, Demut, Sanftmut, Langmut an; ertraget einander und vergebet euch gegenseitig … wie Christus euch vergeben hat, so (vergebet) auch ihr! Über dies alles aber (ziehet) die Liebe (an), was ein Band der Vollkommenheit ist!“ (Kol 3, 12-14)

Von Ulrich Schaffer, dem deutsch-kanadischen geistlichen Schriftsteller und Photographen, gibt es das folgende wunderbare Gedicht (aus dem Jahr 2000):

Was wir sein werden

Die neuen Menschen sind schon unter uns.
Mit ihrem Leben arbeiten sie an einer neuen Wirklichkeit
und wollen sie mit uns teilen.

Der neue Mann und die neue Frau
werden nicht das Bedürfnis haben, gebraucht zu werden,
und doch wird die Welt sie brauchen, um zu überleben.

Sie werden gelernt haben, in sich vollständig zu sein.
Da wird keine Rede von der besseren Hälfte sein,
und kein Wunsch, jemandem oder etwas zu gehören
um wertvoll zu sein.

Sie werden der Konkurrenz absagen, großzügig sein
und Situationen schaffen, in denen alle gewinnen.

Sie werden in der sichtbaren Welt zu Hause sein,
sowie in der Welt, die nur mit Augen der Hoffnung zu sehen ist.
Sie werden allem, das Leben fördert, verbunden sein.

Sie werden wissen, dass die Zeit kostbar ist,
und trotzdem nicht unruhig und ungeduldig werden.
Sie werden realistisch sein
und doch die Hoffnung nicht verlieren.

Sie sind Menschen der Wahl und der Selbstbestimmung.
Sie lassen sich nicht von anderen leben
und leben nicht das Leben anderer.
Sie haben ihr Leben gewählt.
Sie haben sich für Werte entschieden und sie nicht nur geerbt.
Sie haben ihre Sorge für den Einzelnen
mit ihrer Sorge für die Welt verbunden
und opfern die eine nicht für die andere.

Sie werden die Hilflosen ehren und den Leidenden helfen.
Sie werden mit ihrem Wesen wissen,
dass wir eine unzertrennliche Familie sind.

Sie wissen, dass alle wahre Veränderung
die Veränderung des Herzens ist
und lassen sich so nicht mit Sprüchen und Lobreden fangen.

Ihr Leben ist ausgewogen,
aber nicht ohne Leidenschaft,
und doch nicht nur ihren Gefühlen unterworfen.

Sie begreifen, dass regieren dienen heißt
und echt sein verantwortlich zu werden heißt.
Sie verstehen, dass hassen morden ist,
erst sich selbst und dann das, was man hasst.

Sie werden das duchschauen,
was keinen bleibenden Wert hat,
und es nicht für sich wählen.
Sie werden ihr Leben nicht anfüllen mit dem,
was sie entleert und von dem ablenkt,
was ihnen wichtig ist.

Sie werden keine Angst vor der Angst haben,
weil sie schon lange wissen,
dass Einsichten aus der Angst erwachsen können
und Einsicht oft der erste Schritt zur Veränderung ist.
Ihre Angst lähmt sie nicht,
aber sie gibt ihnen eine Dringlichkeit,
in der sie sorgfältig und genau arbeiten,
mitten in ihrer Vision für eine bessere Welt.

Sie lassen sich nicht entmutigen
von dem Gedanken der Erbsünde,
weil sie an den Erbsegen glauben.
Ihr Gott hat eine grenzenlose Leidenschaft für die Welt,
und von Gott lernen sie diese Eigenschaft.

Ihr Leben besteht aus einem Stück.
Sie können nicht hier hassen und dort lieben,
sie können nicht gleichzeitig verachten und fördern,
sie können nicht blind für eine
und aufmerksam für eine andere Sache sein,
weil sie schon lange begriffen haben,
dass alles miteinander verbunden ist,
weil wir nur ein Herz in uns tragen.

Diese neuen Menschen
werden eine neue Welt herbeibeten,
herbeiglauben, herbeilieben, herbeihandeln.
Sie werden nicht aufgeben,
auch wenn es finster aussieht.
Bedingungslos lieben sie diese Welt
und wollen sie retten,
und nichts wird sie davon abhalten.[16]

---

16 U. Schaffer, Visions. Gedanken für eine neue Welt, S. 26f.

2.1. Bede Griffith

„Contemplation is the awakening to the presence of God in the human heart and in the universe around us. Contemplation is knowledge by love.“[17] - Dom Bede Griffith O.S.B. (1906-93) schrieb diese Zeilen an einem strahlenden Herbsttag 1992 spontan für R.R. Ropers bei einem gemeinsamen Spaziergang auf. -

Ein Jahr zuvor hatte er beschrieben: „Ich wurde von Liebe überwältigt und überflutet. Das Weibliche in mir öffnete sich, und ein neuer Ausblick tat sich auf. Ich sah die Liebe als das Grundprinzip des Universums, ich sah Gott in der Erde, in den Bäumen, in den Bergen. Das führte mich zu der Überzeugung, dass es in dieser Welt kein absolut Gutes oder Böses gibt. Wir müssen alle unsere Begriffe aufgeben, welche die Welt in Gut und Böse, Richtig und Falsch einteilen, und die Komplementarität der Gegensätze entdecken.“[18] - Bericht eines reifen Mystikers und Visionärs, der mehr als die Hälfte seines Lebens als englischer Benediktinermönch in Indien verbrachte, dort die Heiligen Schriften des Hinduismus studierte und sich für die Armen in Indien einsetzte und in ihren Sprachen dichtete. - Er beschreibt das Problem des Westens u.a. so: „Das allgemeine Problem des Westens besteht darin, dass die meisten Menschen nur in der Dualität von Körper und Seele leben, wobei die dritte Ebene, der Geist, das Spirituelle, tragischerweise fehlt. Alle Menschen in der Welt spüren gegenwärtig das Verlangen, die spirituelle Dimension zu erschließen.“[19]

In seinem Buch „Die Hochzeit von Ost und West. Hoffnung für die Menschheit“ (1983) schreibt er: „Nicht diese oder jene Form der Religion ist es, von der die moderne Welt sich abzuwenden beginnt, sondern es geht dabei um die Religion selbst, und nur eine ökumenische Bewegung, die alle Religionen umfasst, kann die moderne Welt davon überzeugen, dass Religion notwendig ist.“[20]

Er träumte von der „Hochzeit von Ost und West“, d.h. der Vereinigung von Rationalität und Intuition, von bewusster und unbewusster Dimension, von Männlichem und Weiblichem. - Die Wahrheit hat seiner Überzeugung nach viele Gesichter – und insofern müssen sich die Vertreter der verschiedene Religionen öffnen und sich gemeinsam auf die Suche nach der Wahrheit machen. - „So beginnen wir zu begreifen, dass es zwar nur eine Wahrheit gibt, diese Wahrheit aber viele Gesichter hat, und dass jede Religion gewissermaßen ein Gesicht dieser einen Wahrheit ist, die sich unter verschiedenen Zeichen und Symbolen in den unterschiedlichen historischen Traditionen manifestiert.“[21]

17 Aus: R:R: Ropers, Mystiker unserer Zeit im Portrait, S. 272.
18 Aus: R.R. Ropers, Mystiker unserer Zeit im Portrait, S. 97.
19 Aus: R.R. Ropers, Mystiker unserer Zeit im Portrait, S. 97.
20 B. Griffith, Die Hochzeit von Ost und West. Hoffnung für die Menschheit“, S. 23.
21 B. Griffith, Die Hochzeit von Ost und West. Hoffnung für die Menschheit, S. 25.

2.2. Charlotte Joko Beck

Charlotte Joko Beck (1917-2011) zeigt in ihrem Buch „Einfach Zen“ (2011)[22] dass ZEN „ernsthaftes Leben im Augenblick“ (ist), das Mut und Stärke fordert und Freiheit und Freude bringen kann.“[23] - „Erleuchtung bedeutet, einfach das, was wir tun, ganz zu tun, und auf das zu reagieren, was sich uns darbietet. In der modernen Sprache heißt das: <im Fluss sein>. Freude ist eben dies: Etwas geschieht; ich nehme es wahr. Etwas ist notwendig, und ich tue es: und dann das nächste und das nächste.“[24]
In ihrem Buch „Einfach Zen“ schreibt sie: „Zen ist nichts Besonderes. Zen ist einfach das Leben selbst, wie es ist, ohne Zutat.“[25] - Im Zen-Übungsweg erkennt sie, dass sie im einfachen und grundlegenden Sinn zu ihrem eigenen Leben zurückgeführt wird. „Unser Leben ist einfach, was es ist, und Zen hilft uns, das zu erkennen.“[26]
In ihrer Zen-Schule in Kalifornien meditierte sie allein und mit ihren zahlreichen SchülerInnen. Hier lehrte sie auch. Liebevoll, aber kompromisslos begleitete sie die Menschen, die bei ihr Rat suchten und die Zen-Meditation erlernen wollten. Die Lectures, die sie hielt, waren immer gerahmt von Zen-Meditationen. Der Austausch, der Dialog zwischen den SchülerInnen und der Lehrerin sollte das Erfahrene oder auch das Vermisste reflektieren und verstehbarer machen.
In einer ihrer Lectures nutzt sie das Symbol des Flusses, um das Leben sowie das Leben von Menschen, Tieren und Pflanzen zu beschreiben. - „Wir sind im Grunde Wirbel im Fluss des Lebens. Im Vorwärtsströmen trifft der Fluss vielleicht auf Felsblöcke, Äste oder Unebenheiten im Flussbett, durch die plötzlich hier und da ein Wirbel entsteht. Das Wasser, das in den Wirbel fließt, schießt herum und wird rasch wieder Teil des Flusses, bis es schließlich Teil eines neuen Wirbels wird und sich dann wieder weiterbewegt. Auch wenn es für kurze Zeit scheinbar als etwas Eigenes unterschieden werden kann, ist das Wasser im Wirbel doch nichts anderes als der Fluss selbst … … Am besten für uns selbst und für das Leben wäre es, wenn wir das Wasser in unserem Wirbel rasch und klar strömen ließen, damit es hinein- und hinausfließen kann.“[27]
Zu dieser Erkenntnis und Erfahrung können wir durch die Aufmerksamkeit, das Gewahr - Werden kommen. Sie schreibt: „Aufmerksamkeit. Aufmerksamkeit. Aufmerksamkeit. Nichts anderes als diesen gegenwärtigen Augenblick; es gibt keine Vergangenheit, es gibt keine Zukunft, es gibt nichts als dies hier. Wenn wir also nicht auf jeden dieser kleinen Augenblicke achten, entgeht uns das Ganze.“[28]

---

22 1993 erschien die englische Originalfassung „Nothing Special. Living Zen“. Ich beziehe mich auf die deutsche Übersetzung (2011).
23 R.R. Ropers, Mystiker unserer Zeit im Portrait, S. 34.
24 Aus: R.R. Ropers, Mystiker unserer Zeit im Portrait, S. 34.
25 C.J Beck, Einfach Zen, S. 9.
26 C.J. Beck, Einfach Zen, S. 73.
27 C.J. Beck, Einfach Zen, S 14f.
28 C.J. Beck, Einfach Zen, S. 227.

Und sie fasst zusammen: „Der Sinn unseres Lebens ist es, die Offenheit selbst zu sein, und das ist Freude. Zur Freude gehört Leiden, Glück, alles, was ist. Diese Art von Heilung ist es, worum es in unserem Leben geht. Wenn ich meinen Schmerz heile, heile ich auch, ohne daran zu denken, den deinen. Auf dem Übungsweg geht es darum zu entdecken, dass mein Schmerz unser Schmerz ist … … Deshalb bitte ich euch: Gebt, gebt, gebt – und übt, übt, übt. Das ist der Weg."[29]

29 C.J. Beck, Einfach Zen, S. 361. 365.

2.3. Thich Nhat Hanh

Thich Nhat Hanh (geb. 1926) ist ein vietnamesisch - buddhistischer Mönch, der während des Vietnamkrieges ins Exil in die USA ging. - Er gründete mehrere Klöster; darunter das bis heute bestehende „Plum Village" in Frankreich (1982) sowie das Meditationszentrum „Quelle des Mitgefühls" in Berlin (2002). Er ist Autor von mehr als 100 Büchern. 2014 erlitt Thich Nhat Hanh eine schwere Hirnblutung. - Trotz dieses schweren Vorfalls ist Thich Nhat Hanh bis heute reisend und spirituell praktizierend unterwegs, - ein Wunder, so sagen seine Ärzte.
Unter „Achtsamkeit" versteht er: „Achtsam bedeutet, sich jeglichen Tuns im Alltag voll bewusst zu sein. Achtsamkeit ist wie eine Art Licht, das all unsere Gedanken, all unsere Gefühle, all unser Tun und all unsere Worte beleuchtet. Achtsamkeit ist der Buddha. Achtsamkeit ist das Äquivalent zum Heiligen Geist, der Energie Gottes."[30]
Durch das regelmäßige Üben von achtsamem Atmen oder achtsamem Gehen (z.B. Gehmeditation) können destruktive oder den Menschen verwirrende Gefühle oder Geisteszustände transformiert, verwandelt werden. Der Mensch kann zum inneren Frieden und tiefen solidarischen Beziehungen finden. - Wichtig ist das Gewahrwerden des Lebens im Hier und Jetzt.
In seinem Buch „Versöhnung mit dem inneren Kind. Von der heilenden Kraft der Achtsamkeit" (2011) beschreibt er Wege der Achtsamkeit. - Behutsam und einfühlsam begleitet er Menschen, die Wege nach einer Annahme ihrer selbst, ihrer inneren Schmerzen, nach Wegen zur Versöhnung, kurz nach Wegen des Friedens suchen. Konkrete Übungen zur Sitz- oder Gehmeditation, und Anleitungen zum achtsamen Atmen sowie Beispiele schließen sich an.

„Einatmend weiß ich, dass Leiden in mir ist.
Ausatmend weiß ich, dass Leiden in mir ist."[31]

Oder: „Einatmend bin ich mir meines Körpers bewusst.
Ausatmend lächle ich meinem ganzen Körper zu."

„Oder: „Einatmend bin ich mir meines Einatmens bewusst.
Ausatmend bin ich mir meines Ausatmens bewusst."

Oder: „Einatmend bin ich mir meines ganzen Körpers bewusst.
Ausatmend lasse ich alle Spannungen in meinem Körper los."[32]

---

30 Thich Nhat Hanh, Jesus und Buddha – Ein Dialog der Liebe, S. 26.
31 Thich Nhat Hanh, Versöhnung mit dem inneren Kind. Von der heilenden Kraft der Achtsamkeit, S. 39.
32 Thich Nhat Hanh, Versöhnung mit dem inneren Kind. Von der heilenden Kraft der Achtsamkeit, S. 46.

Oder auch:
„Einatmend bin ich mir des Gefühls der Freude in mir bewusst.
Ausatmend lächle ich dem Gefühl der Freude in mir zu.
Einatmend bin ich mir des Gefühls des Glücks in mir bewusst.
Ausatmend lächle ich dem Gefühl des Glücks in mir zu.“[33]

„Einatmend weiß ich, dass Gefühle des Leids, der Verzweiflung,
des Unglücks und der Angst in mir sind.
Ausatmend umarme ich diese Gefühle in mir.“[34]

Indem er manche innere Not des modernen Menschen konkret benennt und eine Art modernen, westlichen Buddhismus entwickelt, der nah beim Menschen sein will, gelingt es ihm, heilsame Potentiale in den Menschen zu erschließen.

33 Thich Nhat Hanh, Versöhnung mit dem inneren Kind. Von der heilenden Kraft der Achtsamkeit, S. 50.
34 Thich Nhat Hanh, Versöhnung mit dem inneren Kind. Von der heilenden Kraft der Achtsamkeit, S. 60.

2.4. Christina Kessler

Christina Kessler, Kulturanthropologin und Religionsphilosophin unserer Tage, Begründerin der Bewegung „Amosophie“ und Verfasserin des Buches „Amo ergo sum. Ich liebe also bin ich. Selbstrealisation – der Weg in eine neue Wirklichkeit“ (2002), schreibt: „Wollen wir aus einer gespaltenen Welt in den Himmel der Ganzheit, des Ein-Klangs, der Verbundenheit und des Ein-Verständnisses gelangen, gilt es den Weg der Liebe einzuschlagen. Denn Liebe ist das Prinzip der Verbindung. Somit ist Liebe das religiöse Phänomen schlechthin (religere – rückverbinden). Der Weg der Liebe führt direkt zum Kern der Religion, aller Religionen – nämlich mitten hinein in die mystische Erfahrung.“[35]
In ihrem Buch „Amo ergo sum“ schreibt sie z.B.:

„Wenn ich atme, atme ich bewusst ein und aus.
Wenn ich esse, esse ich bewusst.
Wenn ich gehe, bin ich mir bewusst, wie ich einen Schritt vor den anderen setze.
Wenn ich handle, sind auch meine Gedanken bei der Tätigkeit.
Wenn ich arbeite, bin ich voll dabei.
Wenn ich spiele, gehe ich ganz im Spielen auf.
Wenn ich mit einem Menschen bin, höre ich ihm zu und widme ihm meine volle Aufmerksamkeit.

Ich bin achtsam für alles,
was ich durch meine Sinne in mich aufnehme:
was ich höre, sehe, lese, und betrachte;
was ich esse und trinke.
Nährendes lasse ich ein,
was mir nicht gut tut, weise ich ab.

Ich habe die Freiheit,
negative Gedanken, Gefühle und Angewohnheiten
jederzeit durch positive zu ersetzen.
Daher bin ich achtsam.

Ich weiß, dass sich hinter jeder Untugend
eine Herzensqualität versteckt,
hinter jedem Feind ein Freund,
hinter jedem Schmerz die Freude.
Indem ich das, was ich sonst ablehne,

35 Aus: R.R. Ropers, Mystiker unserer Zeit im Portrait, S. 141.

liebevoll umarme, befreie ich gebundene Energien.
Daher bin ich achtsam.

Achtsamkeit ist reine Gegenwärtigkeit,
frei von Anstrengung.
In der Schönheit des urteilsfreien Raums
offenbart sich die Wahrheit des Hier und Jetzt:
Es ist, wie es ist."[36]

Und zu Beginn ihres Kapitels zur „Globalen Selbstverantwortung" zitiert sie Hekaka Sapa – Black Elk (1863-1959):

„Der erste Friede, der wichtigste, ist der,
welcher in die Seelen der Menschen einzieht,
wenn sie ihre Verwandtschaft, ihre Harmonie mit dem
Universum einsehen und wissen, dass im Mittelpunkt
der Welt das große Geheimnis wohnt und
dass diese Mitte tatsächlich überall ist.
Sie ist in jedem von uns – dies ist der wirkliche Friede,
alle anderen sind lediglich Spiegelungen davon.
Der zweite Friede ist der, welcher zwischen einzelnen
geschlossen wird und der dritte ist der zwischen Völkern.
Aber vor allem sollt ihr sehen,
dass es nie Frieden zwischen Völkern geben kann,
wenn nicht der erste Frieden vorhanden ist, der,
wie ich schon sagte, innerhalb der Menschenseelen wohnt."[37]

---

36 C. Kessler, Amo ergo sum. Ich liebe also bin ich. Selbstrealisation. Der Weg in eine neue Wirklichkeit, S. 236f.
37 C. Kessler, Amo ergo sum. Ich liebe also bin ich. Selbstrealisation. Der Weg in eine neue Wirklichkeit, S. 316.

2.5. Persönliche Stimmen von Freunden und Weggefährten

2.5.1. Katholischer Diakon und Seelsorger

Was sind aus Deiner Sicht die wichtigsten Säulen/ Fundament Deines Glaubens und Deines Tuns?

Dass ich ein Christ bin bzw. mich in meinem Leben an der Person und der Lehre/ Offenbarung Jesus Christus orientiere, ist zuerst der Erziehung meiner Eltern zu verdanken. Die Hinterfragung des eigenen anerzogenen Wertesystems in der Jugendzeit verlief bei mir weniger polar (Ablehnung – Zustimmung), eher hinterfragend. Meine Jugendzeit war geprägt von kirchlichen, gesellschaftlichen und politischen Auf- und Umbrüchen. In der Kirche ging es um die Rezeption des 2. Vaticanums in Deutschland bis hin auf die Ebene der einzelnen Gemeinde. Dabei war es ganz wichtig, dies in der Einbindung mit anderen Menschen, gleichaltrigen wie auch Erwachsenen erleben zu dürfen. Es war ein Geschenk besonderer Klasse, einen jungen Priester in der Gemeinde zu haben, der sich mit den Jugendlichen gemeinsam auf die Suche machte.

Es war die Zeit des Aufbruchs, der Apartheid-Kampagnen, des Chileputsches, der gesellschaftlichen Veränderungen in Deutschland. Ein zentraler Gedanke dieser Zeit hat mir das Rückgrat geschenkt, zum Fundament meines Glaubens zu werden und Kirche (ecclesia semper reformanda) zu ertragen: Das Geschenk der Freiheit, angedeutet in Genesis (Baum der Erkenntnis), umgesetzt im Alten Testament (Befreiung aus der Knechtschaft Ägyptens und des Exils), vollendet sich für mich in der Botschaft Jesu Christi, dass jeder Mensch gottgewollt ist und mit Begabungen und Gottes heiligem Geist beschenkt, - eine Aufgabe hat. Kirche, Gemeinschaft ist für mich unabdingbar notwendig, die individuelle Suche nach Gott oder Erleuchtung im Rauschen der Blätter des Waldes bedarf unabdingbar der Ergänzung durch den/die Mitmenschen.

Als alter Mensch durfte ich die Nähe Gottes spüren, meist in schwierigen Situationen, in die ich ohne eigenes Tun gestellt wurde. Das ist die Ebene, die mich immer wieder antreibt und mir neuen Mut gibt.

Als naturwissenschaftlich denkender Mensch (Chemielehrer) stehe ich voll Bewunderung vor der Komplexität und Sinnhaftigkeit der Schöpfung, für die ich keine rationale Erklärung finde. Die Evolution ist für mich ein Teil dieses Wunders, genauso die Unbegründbarkeit und Relativität von Energie, Materie und Zeit.

Welche Symbole sind für Deine Spiritualität wesentlich?
Es sind drei Symbole, die mir sehr viel bedeuten:
- Das Wasser. - Wasser ist die Grundlage des Lebens. Er ist ein absoluter Ausnahmestoff, ohne den Leben unvorstellbar ist. Wasser ist mit Recht das Medium der Taufe. Es vereint in sich die Dialektik von Tod (Untertauchen) und Leben, Neu Geboren-werden (Auftauchen).
- Die brennende Kerze. - Die Kerze verzehrt sich im Abstrahlen von Energie (Licht und Wärme). Auch sie ist ein starkes Symbol der Taufe.
- Das Auferstehungskreuz. - Meine Schülerinnen und Schüler haben mir einmal ein solches Auferstehungskreuz geschenkt. Ich sehe darin auch ein Zeichen Gottes für mich ganz persönlich. Sieben Jahre Religionsunterricht bei mir – und dann so ein Geschenk zu meiner Diakonenweihe!
Das Kreuz vereint den Tod mit der Auferstehung, der Corpus hat sich gelöst. Am Kreuz bleibt das zurück, was zurückbleiben muss.

2.5.2. Evangelischer Pfarrer und Seelsorger

Was sind aus Deiner Sicht die wichtigsten Säulen/ Fundament Deines Glaubens und Deines Tuns?
Für mich ist in meiner Arbeit als Krankenhausseelsorger die Verheißung aus der Offenbarung fundamental wichtig: „Er wird abwischen alle Tränen und es wird kein Schmerz, kein Klagegeschrei mehr sein ...“ (Offb 21,3-4).
Die wichtigste Säule ist für mich letztlich die Liebe Gottes zu uns Menschen, - von seiner Freundlichkeit möchte ich etwas weitergeben.

Welche Symbole sind für Deine Spiritualität wesentlich?
Immer noch das Kreuz: Hingabe; Gott auf der Seite der Leidenden, Schwachen, Einsamen - mit der Verheißung einer neuen Gerechtigkeit und eines heilen Lebens.
Außerdem: der Regenbogen - Gottes Bund mit uns Menschen.

2.5.3. Evangelische Pfarrerin und geistliche Begleiterin

Was sind aus Deiner Sicht die wichtigsten Säulen/ Fundament Deines Glaubens und Deines Tuns?

Ich nenne vier Fundamente:
- die Stille (also Zeiten des Schweigens, des Alleinseins, der Abgeschiedenheit) als ein Zeit-Raum für die Begegnung mit Gott.
- die Musik (insbesondere das Singen des Gregorianischen Chorals und geistlicher Chorwerke) als Klang-Raum für die Begegnung mit Gott.
- Die Lectio Divina, die "Göttliche Lesung", das Meditieren des Bibelwortes als Sprach-Raum für die Begegnung mit Gott.
- geistliche Weggemeinschaften und Gruppen mit denen ich zusammen bin – als Gemeinschafts-Raum für die Begegnung mit Gott und den Anderen.

Welche Symbole sind für Deine Spiritualität wesentlich?
- die gemeinsame Feier des Abendmahls - also Brot & Wein.
- der Segen (war eines meiner wichtigsten Unterrichtsziele auch im Konfirmandenunterricht: Konfirmanden müssen lernen, den Segen zu empfangen und selbst aktiv andere Menschen segnen).
- die Taufe (in Gestalt der Tauferinnerung).
- Liturgische Gottesdienste (Osternacht, Christnacht, Pfingstvigilien) - das sind zwar keine "echten" Symbole, aber dennoch Handlungen mit viel symbolischem "Überschuss".

2.5.4. Anglikanische Priesterin und Seelsorgerin

Was sind für Dich die wichtigsten Säulen/ Fundamente Deines Glaubens und Tuns?
Das Fundament meines Glaubens und - zumindest hoffentlich - auch meines Tuns, ist Jesus Christus.
Ich spüre seine Gegenwart. Wenn ich traurig und mutlos bin, wende ich mich an ihn und er ist immer da. Und so geht es mir auch, wenn ich glücklich bin.
Oft lebe ich ganz einfach in den Tag hinein. Dann sehe ich plötzlich etwas Schönes oder genieße ein gutes Essen, oder höre oder lese etwas, das mich bewegt. Dann gucke ich zu Jesus und danke ihm.

Ich hatte eine Freundin, die Fotografin Gerda Schimpf, die vor kurzem mit über 100 Jahren gestorben ist. Oft sagte sie, manchmal einfach so nebenbei, "Ich habe nie etwas für selbstverständlich genommen." - Da sie zwei Weltkriege erlebt und überlebt hat, waren diese Worte von tiefer Bedeutung.
Diese Worte freuen mich jedes Mal, wenn ich an sie denke, weil dann plötzlich kleine und größere Dinge in meiner Umgebung ihre Schönheit zeigen. Und dafür kann ich Jesus jedes Mal danken.

Tief beeindruckt hat mich ein Aufsatz des indischen Jesuiten Anthony de Mello über die Stärke des Namen Jesu.
De Mello regt an, den Namen Jesu in eine kurze, für einen selbst wichtige und herzliche Formel zu bringen. Etwa: "Jesus, mein Gott und mein Herr." Oder - dies eine von de Mellos Lieblingsformeln - "Jesus, mein ganzes Glück bist Du allein." Für mich ist es, - nach langem Hin- und Her-Probieren: "Jesus meine Freude und mein Heil." ("Jesus, my joy and my salvation.")
Wenn ich unruhig, ideenlos, oder traurig bin, aber auch vergnügt und dankbar, sage ich diesen Satz gerne, einfach so einmal, oder den Sinn dieses Satzes genießend, einige Male hintereinander.

Ohne Jesus hätte ich den Tod meines Sohnes und meines Mannes nicht überlebt. Immer hat Jesus mich gehalten. Mir geht es wie den Jüngern, die Jesus sagen: "Herr, wohin sollen wir gehen? Du hast Worte ewigen Lebens." (Joh 6, 68)

Welche Symbole sind für Deine Spiritualität wichtig?
Das Kreuz ist für mich zentral. Immer, wenn ich ein Kreuz sehe, ist es, als käme ich nach Hause; ich empfinde, dass Christus da ist.
Sonst sind für mich weniger Symbole als Bilder, die mich ansprechen, mich zu tiefst bewegen oder glücklich machen. Das ist wahrscheinlich so, weil ich zunächst als Kunsthistorikerin gearbeitet habe. Kunst ist für mich ein Schlüssel zum Glauben.

Hier ein paar meiner Lieblingsbilder und -statuen:
- Das heilige Kind von Prag.
- Fra Angelico, das Weihnachtsbild im Kloster St. Marco in Florenz.
- Max Liebermann, der 12-jährige Jesus im Tempel.
- Mark Rothko, fast alle Bilder.
- Odilon Redon, Le Sacre Coeur.
- Hieronymus Bosch, Verspottung Christi.
- Das Purpurevangeliar von Rossano, Jesus in Gethsemane.
- Gotisches Kruzifix im Neumünster in Würzburg.
- Der auferstandene Christus, Kloster Wienhausen.

Ich liebe auch lustige Darstellungen der biblischen Geschichten, wie viele Weihnachtsbilder mit `haushaltsmäßig beschäftigten´ Engeln. Oder das Frankfurter Paradiesgärtlein, wo die Heilige Cäcilie dem Jesuskind beibringt, auf der Zither zu spielen, oder die Engel auf der Himmelsleiter am Dom zu Bath.

Für mich ist der Humor eines der schönsten Gottesgeschenke.

2.5.5. Anglikanischer Priester und Seelsorger

Was sind für Dich die wichtigsten Säulen / Fundamente Deines Glaubens und Tuns?
Zu versuchen, mit einem offenen Herzen zu leben, zu versuchen mehr zu lieben, danach zu trachten, ein Instrument des Friedens zu sein.
Dies hat zur Grundlage: die Liebe, die Hoffnung und den Frieden des Herzens.
Die LIEBE: „Ubi caritas et amor – Deus ibi est.“ (Taize-Lied). - „Gott ist die Liebe; und wer in der Liebe bleibt, der bleibt in Gott und Gott in ihm.“ (1. Joh 4, 16)
Die HOFFNUNG: „Wir wissen aber, dass denen, die Gott lieben, alle Dinge zum Besten dienen, denen, die nach seinem Ratschluss berufen sind.“ (Rö 8, 28)
Den FRIEDEN des Herzens: „Sanftmütigkeit, Hingabe und Großzügigkeit gehören nicht exklusiv einer Rasse oder einer Religion.“ (Mahatma Gandhi)

Gebet:

„O Herr,
mach mich zu einem Werkzeug deines Friedens,
dass ich Liebe übe, wo man sich hasst
dass ich verzeihe, wo man sich beleidigt,
dass ich verbinde, da, wo Streit ist,
dass ich die Wahrheit sage, wo der Irrtum herrscht,
dass ich den Glauben bringe, wo der Zweifel drückt,
dass ich die Hoffnung wecke, wo Verzweiflung quält,
dass ich ein Licht anzünde, wo die Finsternis regiert,
dass ich Freude mache, wo der Kummer wohnt.

Herr, lass du mich trachten:
nicht, dass ich getröstet werde, sondern dass ich tröste;
nicht, dass ich verstanden werde, sondern dass ich verstehe;
nicht dass ich geliebt werde, sondern dass ich liebe.

Denn wer da hingibt, der empfängt;
wer sich selbst vergisst, der findet;
wer verzeiht, dem wird verziehen;
und wer stirbt, erwacht zum ewigen Leben.“ Amen.

(Franziskus von Assisi zugeschrieben)

Welche Symbole sind für Deine Spiritualität wichtig?
- Die Sonne, der Mond, der Himmel und die Sterne.
- Wasser, Bäume und Vögel.
- Kerzenlicht.
- das Angesicht Christi.

2.5.6. Zwei evangelische Ärzte

Was sind für Dich die wichtigsten Säulen/ Fundamente Deines Glaubens und Tuns?
Glaube - Liebe - Hoffnung: Glaube an den einzigen Gott und Liebe zu ihm und an den zu Mensch gewordenen Sohn.
Jesus Christus und das Hoffen auf Gott, der nur allein angebetet werden darf ("Ich bin der Herr, Dein Gott, Du sollst nicht andere Götter haben neben mir.").
Der Glaube muss mit guten Taten verbunden sein, - Glaube allein reicht nicht aus. - Durch den Heiligen Geist bewirkter Glaube führt zu guten Taten.
Der innere Glaube (an den einzigen Gott) ist der wesentliche Faktor zur Erlösung. - Glauben im Herzen, die Bestätigung durch die Zunge (Sprache) und gute Taten sind die wichtigsten Säulen/ Fundament des Glaubens und des Tuns.

Welche Symbole sind für Deine Spiritualität wichtig?
- Das Kreuz.
- Die Bibel (Die Heilige Schrift).
- Die Kirche und die Sakramente.
- Der Fisch als Christussymbol.
- Dreifaltigkeit.
- Der Regenbogen.
- Das Wasser (Taufwasser).

2.5.7. Katholischer Pastoralreferent und Seelorger

Was sind für Dich die wichtigsten Säulen/ Fundamente Deines Glaubens und Tuns?
Mein biblisches Fundament:
"In IHM leben wir, bewegen wir uns und sind wir.“ (Apg 17, 28).
Gott ist für mich kein Gegenüber, sondern der große, geheimnisvolle Horizont, in den wir mit jeder Faser unserer Existenz eingewoben sind. Deshalb gibt es für mich auch keine ausgewiesenen heiligen Orte. Vielmehr ist jeder Ort dieser Welt gleichermaßen heilig, weil ein Ort der Begegnung von Gott und Mensch, Gott und Schöpfung. Das Heilige ist am ehesten dort zu spüren, wo sich Menschen in Liebe begegnen. Da öffnet sich der Horizont des Heiligen, wird er spürbar, erahnbar, niemals jedoch fassbar. Er bleibt ein Geheimnis.

Welche Symbole sind für Deine Spiritualität wichtig?
Ein Symbol dieses Geheimnisses, das uns näher ist als wir uns selber sind, ist der Atem Gottes, der Heilige Geist, der in uns spricht und seufzt und betet. So wie es Paulus in Römer 8 unvergleichlich zum Ausdruck gebracht hat. Das ist mein Kernsymbol: der Atem Gottes, der "am Anfang" aus dem Chaos den Kosmos geschaffen hat, der in jedem Atemzug eines jeglichen Lebewesens präsent ist und im letzten Atemzug die Schöpfung vollenden wird.
Die Verbundenheit mit dem Atem Gottes ist mir auch in meiner Arbeit am Kranken- und Sterbebett wichtig. Manchmal kann ich nichts anderes tun, als mit Patienten mitzuatmen, weil kein Wort mehr sagbar ist, keine andere Geste mehr stimmig ist. Auf den Atem des Patienten achten, im eigenen Atmen zu verweilen und in beider Atmen den Atem Gottes zu glauben und zu erhoffen, ist oft der letzte Grund, auf dem ich noch stehen kann - und stehe !

2.5.8. Evangelische Christin und Landschaftsplanerin

Was sind für Dich die wichtigsten Säulen/ Fundamente Deines Glaubens und Tuns?
Für mich kommt immer wieder die Frage hoch, ob ich überhaupt glaube (obwohl ich mittlerweile schon seit Jahrzehnten im Gemeindekirchenrat bin).
Mir wird immer deutlicher bewusst, dass die Liebe zentral im Glauben ist.
Durch die Liebe entstehen die Verbindungen zwischen den Wesen dieser Welt - von mir zum Du im Sinne Martin Bubers (wenn ich ihn richtig verstehe) – und so wird die Schöpfung als ganze Wesenheit lebendig.
Die Liebe im Sinne von "in zugewandter, empathischer Weise aufeinander einlassen und dabei das Wesen sehen, sich nicht von den Äußerlichkeiten seines Seins ablenken lassen" wurde ja auch von Jesus vorgelebt bzw. es wird so von ihm berichtet.

Insofern verstehe ich meinen Glauben vielleicht als Glauben an die Liebe oder an die Kraft der Liebe, aber warum oder ob man das dann Glauben nennen kann, ist mir noch nicht klar.

Im herkömmlichen Glaubensbekenntnis kommt jedenfalls die Liebe nicht vor und in den meisten "modernen" Bekenntnissen auch nicht, nur bei Dorothee Sölle habe ich die Liebe im Glaubensbekenntnis gefunden. Andererseits wird in der Bibel das Zentrale der Liebe an vielen Stellen deutlich.

Welche Symbole sind für Deine Spiritualität wichtig?
Da mein Glauben stark durch die Quäker geprägt wurde, denen meine Eltern angehören, sind für mich Symbole des Glaubens nicht wesentlich. Wir haben uns in beliebigen Räumen zur schweigenden Andacht getroffen, ein Kreuz oder Ähnliches gab es da meistens nicht. Auch das Abendmahl wird von den Quäkern nicht zelebriert.
Wenn etwas für mich wichtig ist, dann sind es die alten Kirchenlieder. Wenn ich sie im Gottesdienst singe, spüre ich eine Verbindung zu den Menschen längst vergangener Jahrhunderte, die die Lieder damals auch schon gesungen haben.

2.5.9. Evangelischer Christ, Arzt und Musiker

Was sind für Dich die wichtigsten Säulen / Fundamente Deines Glaubens und Tuns?
Vergebung und Zuversicht.

Welche Symbole sind für Deine Spiritualität wichtig?
Kreuz, Berge.

2.5.10. Evangelische Christin und Koordinatorin eines ambulanten Hospizdienstes

Was sind für Dich die wichtigsten Säulen/ Fundamente Deines Glaubens und Tuns?
Wichtige Säulen meines Glaubens sind Nächstenliebe, die Gnade der Vergebung, die Allgegenwärtigkeit des Herrn.

Welche Symbole sind für Deine Spiritualität wichtig?
Ich empfinde Spiritualität beim Blick in die weite Unendlichkeit des Himmels, finde Nähe zu Gott in der Stille und tatsächlich genauso auch beim Abwaschen, Wäscheaufhängen oder Autofahren. Ich mag sehr, die Gegenwart des Herrn in Alltäglichem zu finden.

2.5.11. Evangelische Christin und Künstlerin

Was sind für Dich die wichtigsten Säulen/ Fundamente Deines Glaubens und Tuns?
In meiner Kindheit und Jugend gehörte der Glauben, eingebettet in eine aktive Gemeinde, als Selbstverständlichkeit immer dazu. Die Dazugehörigkeit oder die Beheimatung in der Gemeinschaft der Kirche ergeben im Rückblick ein Gefühl der Vertrautheit, ein wohliges Gefühl.
Vielleicht verstärkte sich das Gefühl der eindeutigen Dazugehörigkeit noch durch die oppositionelle Haltung der Kirche gegenüber dem Staat.
Solch eine Beheimatung in einer Gemeinde habe ich nicht mehr gefunden, vielleicht auch eher woanders gesucht. In Momenten der inneren Sammlung kann ich eine Verbindung zu Gott als Ansprechpartner finden.

Welche Symbole sind für Deine Spiritualität wichtig?
Der Aufenthalt in Kirchenräumen gibt mir eine Vertrautheit und Geborgenheit, die sich aus den Erfahrungen meiner Kindheit und Jugend speist. Hier kann ich u.U. eine innere Ruhe finden. Auch die Rituale eines Gottesdienstes, vor allem das Singen der Lieder sind mir wichtige Momente.

2.5.12. Ökumenischer Christ, Schauspieler, Sänger und Dichter

Was sind für Dich die wichtigsten Säulen/ Fundamente Deines Glaubens und Tuns?
Vielleicht sind es die beiden Psalmworte in der Übersetzung von Martin Buber, die ich fast jeden Morgen laut oder in Gedanken spreche: „Dies ist der Tag, den ER aufgetan. Jauchzen wir und freuen uns sein." Und „Ach doch DU, befreie doch. Ach doch DU, lass doch gelingen!" (Psalm 118, 24f.)
Und für mein Tun, meine Ideale, ist Jesu Bergpredigt die Orientierung. Ich mag auch die Frage, die Martin Niemöller zugeschrieben wird: „Was würde Jesus tun?"

Welche Symbole sind für Deine Spiritualität wichtig?
Die Stille, - wie in Taizé die zehn Minuten gemeinsames Schweigen inmitten der Lieder - und die Ikonen. Zwei meiner Lieblingsikonen sind: der „Erlöser von Zvenigorod" oder „Christus, der Friedensstifter" von Andrej Rubljov (14. Jh.). Und die „Mutter Gottes von Wladimir" (griechischer Anonymus 12. Jh). - Sie stehen oder hängen in meinem Zimmer.

Dazu kommt noch ein winziges Metallkreuz auf meinem Schreibtisch. - Ich habe es im Frühjahr 2001 bei der Eröffnung der Ökumenischen Dekade zur Überwindung der Gewalt vom Weltkirchenrat in der `Schwangeren Auster` in Berlin von dem Schmied gekauft. - Er kam mit einem Freund auf die Bühne, der ihm half, ein riesiges Kreuz zu tragen, das er aus einer Mörserrakete umgeschmiedet hatte. - Beide hatten im Bürgerkrieg gekämpft.

Mein Credogedicht (1999)[38]:

I relate, therefore I am

Ich vertraue,
hoffe,
liebe, - also bin ich.

Ich traue dem Namen, dem DU, der für mich da ist,
auf dass ich für andere und wir alle füreinander da sind.

---

38 Veröffentlicht in Publik Forum, Persönliche Glaubensbekenntnisse, 1999.

Ich glaube Gottes Fingerzeigen:
den Blumen und Vögeln,
der Musik, dem Tanz,
dem Brot, dem Wein und den Angesichtern.
Denn ich sehe, wie das Licht unsichtbar
dem Grün der Natur Leben wirkt
in allen Blättern und so meiner Seele.

Euch glaube ich kaum: Stimmen
der Mächtigen und der Werbetrommler,
der Kriegstreiber und Mammonsdiener,
der verzagten und geizigen Spießer.
Auf Euch höre ich nicht: Stimmen in mir
der Vorwürfe und Menschenfurcht,
der Sorge und Selbstzerfleischung.
Vielmehr glaube ich den Augenblicken glückseliger Klarheit
als den schwarzen Tagen.

Dass die Erde mutterseelenallein im All umherirrt
und die auf ihr dem Rad des Zufalls ergeben sind,
glaube ich nicht.

Ich glaube an den gütigen Gott, der Mensch für uns wurde,
an der Welt Leiden teilgenommen und sie durchgehalten hat,
auf dass wir ihm nachfolgen und Anteil haben
am Elend
sowie der Herrlichkeit,
irgendwann ein für allemal.

Ich glaube, dass ER mich auf dem Weg
aus der Angst und jeglicher Knechtschaft
in die Freiheit begleitet.

Ich will mich nicht ergötzen
am Ego und Individuumsgetue,
am Marktgeschrei und meiner Nachfrage
an Wissenschaft, Fortschritt und Schnelligkeit.
Sie machen der Welt den Garaus.

Ich glaube, dass es genug gibt und
dass Gemeinschaft möglich ist im Miteinanderteilen
von Yams und Brot, Reis und Mais und Wein,
von Kapital und Arbeit, von Freude und Einsichten
und von Kummer und Leid – fünftausendmal.

Ich glaube, dass die Versprechen vom guten Reich Gottes
zuerst den Armen und den Kindern gelten.
Ich glaube senfkornsamengroß, dass Gott meinem Unglauben abhilft.
Und dass die Stille Wunder birgt.
Ich glaube, dass mich das durchsichtige Eis trägt und
die Hängebrücke zwischen den Baumkronen hält.
Und dass sich der Fluss endlich
aus dem engen tiefen Tal
ergießen wird in die Weite des Deltas
und hinein in die Fülle der
Liebe. Amen.

2.5.13. Evangelische Pfarrerin und Seelsorgerin

Was sind für Dich die wichtigsten Säulen/ Fundamente Deines Glaubens und Tuns?
Ich merke immer mehr, wie tragend für meinen Glauben, für mein Vertrauen auf Gott ist, dass meine Eltern ihn mir schon im Prinzip „präexistent" geschenkt haben. Sie haben mich im Vertrauen auf ihn erzogen, wir haben jeden Tag gebetet und ich weiß, dass meine Eltern jeden Tag für mich weitergebetet haben. Ich bin in einer lutherischen Pfarrersfamilie großgeworden und sie haben uns Kinder zu allen Veranstaltungen, Gottesdiensten, Festen, Pfadfindern und Jugendgruppen selbstverständlich mitgenommen. Sogar im Urlaub machten "wir" Urlauberseelsorge und verteilten ständig Einladungszettel an Autos für Gottesdienste.

Ein weiteres starkes Fundament für meinen Glauben sind die geistlichen Gesänge, die Lieder im Gesangbuch, den Oratorien, der geistlichen Musik im Allgemeinen. Meine Mutter sang sie uns ständig vor, sie summte und hatte immer ein Lied dabei. Das hat mich früher oft genervt, heute geht es mir ganz genauso: durch die Kirchenmusik fühle ich mich im singenden Gebet verwurzelt.

Als Schriftwerk prägten und begleiteten mich - wen wundert`s - Bibeln: ganz verschiedene. Die eine bekam ich, als ich noch in den Kindergottesdienst ging, die andere zum Konfa, eine weitere zum Studium, die nächste, als ich im Ausland unterwegs war … usw. - Sie alle sind angestrichen, beschriftet, abgegriffen und sehr ans Herz gewachsen: zum Teil mit Einträgen und Daten versehen, wie mitlebende Glaubensanker, Wegweiser und Tröster.
Für mein Tun vermute ich, ist ein starker Motivator mein Gefühl für Gerechtigkeit: ich habe als Kind in Namibia schon große Armut erlebt - es sind Eindrücke, die ich nie vergessen habe. Mein Einsatz gegen Ungerechtigkeit wird mir mittlerweile selber mehr bewusst, meine Kinder haben mir dies letztens erst gesagt: "Mama, dein Lieblingsthema ist die Gerechtigkeit!" - Da habe ich nicht schlecht gestaunt, das war mir gar nicht so deutlich ...

Welche Symbole sind für Deine Spiritualität wichtig?
Das ist schneller und sehr einfach für mich zu beantworten: es sind Kreuze und Kerzen … vor allem Kreuze, die ich mit einem Menschen und/oder Erlebnissen, der mir wichtig ist/war, verbinden, und Kerzen, die ich geschenkt bekommen habe. Aber auch allgemein Kerzen.

2.5.14. Evangelische Herkunft, spiritueller Mensch, Übersetzerin, Dichterin

Was sind für Dich die wichtigsten Säulen/Fundamente Deines Glaubens und Tuns?
Ich „glaube“ nicht (den „Glauben“ verlor ich als 13jährige vor dem Weihnachtsgottesdienst auf dem Kirchplatz, ich erinnere mich noch genau an die bitteren Gedanken) - denn „Glauben“ schließt für mich Zweifel ein. „Unbedingter Glauben“ ist für mich schon sprachlich absurd, ein Paradox.

Für mich steht anstelle dessen eher ein „ES ist“: Ein in jahrzehntelangem Suchen erfahrenes Gefühl, und in seltenen kostbaren Momenten ein intuitives Wissen der großen Verbundenheit, wie eine unförmige, unzielgerichtete Liebe zu einem unfassbaren „ES“ - vielleicht so etwas wie eine „kosmische Intelligenz“, die über unserem verstandesmäßigen Begreifen liegt.

Ich glaube sowieso, dass der Verstand spirituelle Erfahrung eher behindert.

Da ich mich allem verbunden fühle, sind hier alle lebenden Wesen, Pflanzen, Steine, Berge, ... inbegriffen, sie sind Teil von mir und ich bin Teil von ihnen (auch dessen, was wir als „Böse“ empfinden). Ich fühle oft so etwas wie eine „Weltseele“.
Also ist die Achtung vor „Allem, das ist“ eigentlich das Fundament.

Meine Erziehung als Pfarrerskind, oft auch nur zwischen den Zeilen, beinhaltete dies auch, allerdings mit Lücken: Bei „Liebe Deinen Nächsten“, fiel das „wie Dich selbst“ unter den Tisch. Man bekam ein Gefühl für Gerechtigkeit, lernte Mitgefühl, Ausrichtung auf den anderen, aber kein Mitgefühl für sich selbst. Damals wurde das gern mit „egoistisch“ verwechselt.

In den letzten Jahren habe ich allmählich auch „im Bauch“, nicht nur im Kopf begriffen, dass als unverzichtbare Basis für die vielgebrauchten Begriffe „Liebe“ und „Frieden“ in der Welt unbedingt echtes Mitgefühl für sich selbst (nicht: Selbstmitleid), Versöhnung mit sich selbst und zumindest der Versuch, sich selbst lieben zu lernen, vonnöten sind. Ohne diese Basis wird es nie Frieden, sondern nur noch mehr gescheiterte Beziehungen zwischen beziehungsunfähigen Menschen und Kriege geben. Diese schwierige Arbeit der Versöhnung mit sich selbst ist ein unverzichtbares Fundament für die Versöhnung mit anderen. Es heißt also, anzunehmen und auch zu lieben, wo es schwer wird, und oft genug wird es schwer bis unmöglich, (glaubt man oft). Und dies ist unabhängig von jeglicher Religion, Konfession, …

Das zu üben, ehrlich zu versuchen, darin sehe ich spirituelle Arbeit, die Transformation, Verwandlung des Einzelnen, die ins Kollektiv hinein wirkt - wie ein ins Wasser geworfener Stein Ringe schlägt.

Das „ES“ Gott zu nennen widerstrebt mir zuinnerst, es „Herr“ zu nennen noch viel mehr, nach den Jahrtausenden Erfahrung des Patriarchats, als Frauen, Sklaven, Diener, Knechte, Leibeigene. Das Gefühl der Verbundenheit zwischen Allem, was ist, wird durch den Begriff „Gott“ nach außen gerichtet. Er lenkt ab: deshalb berührt er mein Herz nicht. - Während ich, wenn ich mich als Teil von Allem, also auch von diesem „ES“ fühle, tief berührt werde. Ich und Du und Es sind eins.

Welche Symbole sind für Deine Spiritualität wichtig?
Blumen, Sterne, Bäume, Vögel ... Sie erinnern mich an die Schöpfung, und dass ich Teil von ihr bin. Auch sehr stark die Berge, von denen mir Hilfe kommt.
Seit jeher angesprochen, noch bevor ich von ihrer Symbolkraft wusste, fühle ich mich von der Spirale, ich fühle ihren Sog.
Das Kreuz hingegen mag ich nicht, es hält mich ab: Kreuz schlagen als Bewegung schließt das Herz zu. Ich halte ein Folterinstrument sowieso nicht für ein geglücktes Symbol der Identifikation.

Wenn man Musik auch als Symbol betrachten mag: Die Musik Johann Sebastian Bachs ist für mich das größte Gebet.

Das Gott

Ich liebe das Gott
aber ich muß meine Liebe verstecken,
dachte ich,
um nicht ausgelacht zu werden
weil das Wort Gott beschlagnahmt ist
und infiziert seit 1000 Jahren
von einer Firma, die Kirche heißt.

Meine Seele war immer schon freiberuflich
und paßt nicht in Unternehmen
Auch lenkt mich das Wort Gott ab
von der Essenz, die ich liebe
und die ich nicht fassen kann
und weil alte Männer mit Drohgebärden
nichts Göttliches haben,
dachte ich.
Noch muß ich lernen, das Dunkle zu lieben.[39]

39 Ruth Karzel, unveröffentlichtes Gedicht vom 19.12.2010.

2.5.15. Buddhistin und Leiterin der „Quelle des Mitgefühls“ in Berlin

Was sind für Dich die wichtigsten Säulen/ Fundamente Deines Glaubens und Tuns?
Vertrauen ist eine geistige Fähigkeit, eine Kraft für mich. - Ich ziehe es dem Wort „Glauben“ vor.“
Der menschliche Geist hat die Fähigkeit, sich zu verändern. - Schwierige Gewohnheitsenergien können in eine Geisteshaltung/ in Energie verwandelt werden.

Ein Beispiel: Wir sind beherrscht von einem Gefühl der Hoffnungslosigkeit oder auch einem Minderwertigkeitsgefühl oder großem Ärger. - Durch Achtsamkeit, z.B. achtsames Atmen, können wir diesen schwierigen Geisteszustand anschauen. - Wir atmen achtsam, konzentrieren uns und fragen uns: kann ich dieses Gefühl der Hoffnungslosigkeit oder der Minderwertigkeit oder des großen Ärgers liebevoll in meine Arme nehmen? - Ich atme ein und atme aus und umarme das Gefühl (z.B. des großen Ärgers).
Es geht hier um ein Umwandeln, eine Verwandlung.
Ich gebe dieses Gefühl also nicht weiter unreflektiert an die Welt weiter, sondern akzeptiere es, umarme es mit Wohlwollen, beachte es mit Achtsamkeit.
Ein Gefühl der Weite (statt der Enge) kann sich einstellen. - Verwandlung wird möglich.

Verwandlung wohin?
In z.B. Mitgefühl, Achtsamkeit, allumfassende Liebe, Freude, Unparteilichkeit, tiefes Verstehen. - All´ diese sind Fähigkeiten der Buddhanatur. - Und ich darf darauf vertrauen, diese in mir zu erwecken, hervorzubringen.
Es geht letztlich um eine Lebenshaltung, eine Art zu leben.

Welche Symbole sind für Deine Spiritualität wichtig?
Thich Nhat Hanh sagt: „No mud – no lotus“. - Was heißt das?
Es bedeutet, dass ein Lotos den Schlamm braucht, um in all´ seiner Schönheit zu erblühen. - Und im Herbst und Winter verwandelt der Lotus sich wieder zu Schlamm. - Es ist ein Kreislauf.
Ähnliches beobachten wir auch bei der Rose oder der Geranie in unserem Garten: sie brauchen die Nährstoffe des Kompost, um zu erblühen.

So verhält es sich mit unseren schwierigen Geisteszuständen: sie können umgewandelt werden durch unsere achtsamen Übungen in Geisteszustände, die unseren erwachten Geist ausdrücken (z.B. Schönheit).

Die Glocke in unserem Haus (d.i. die „Quelle des Mitgefühls") erinnert uns jede Viertelstunde daran, achtsam zu atmen und in diesem Augenblick, im Hier und Jetzt, zu sein. Durch das regelmäßige Meditieren suchen wir tiefere Einsicht in die Wirklichkeit zu erlangen.
Abendvers[40]:

Aufrecht sitze ich am Fuße des Bodhibaums.
Körper, Geist und Rede sind still;
keine Gedanken von richtig und falsch. Glocke.

In rechter Aufmerksamkeit weilen mein Körper und Geist.
Der Pfad ist erhellt,
das Ufer der Verwirrung liegt hinter mir. Glocke.

Namo Shakyamunaye Buddaya[41] (3mal) Glocke.

40 Aus: Thich Nhat Hanh, Der Klang des Bodhibaums.
41 D.h. Ehre sei ihm, dem Buddha aus dem Shakya-Geschlecht.

3. Transformation heißt Verwandlung – Verwandlung ist möglich!

> Hoffnung ist nicht die Überzeugung, dass etwas gut ausgeht, sondern die Gewissheit, dass etwas Sinn hat, egal wie es ausgeht.“ (Vaclav Havel)

In unserer Zeit der tiefgreifenden Veränderungen, Umgestaltungen und Verwandlungen ist es zuerst wichtig, so formulierte ich eingangs, dass wir uns vergewissern. - Wir vergewissern uns unserer Wurzeln, unserer Hoffnungen und Ziele. - Dazu zählen eben jene Hoffnung Vaclav Havels; dazu zählen auch der Glaube, das Vertrauen, die Spiritualität und die Liebe. Dazu zählen unsere Sehnsucht nach Heilsein und Heilwerden, nach Frieden, Glück, Güte und tiefem Verstehen und Verstandenwerden, nach Freude, Schönheit und Licht, nach Gerechtigkeit, Demut und Vergebung und Angenommen-Sein, nach Solidarität und Verantwortung und sinnvollem Leben.

Wir erkennen aber auch unsere mannigfachen Ängste, das sind unsere Destruktivität, Aggressivität, Wurzellosigkeit, Orientierungslosigkeit, Hoffnungslosigkeit, unsere Verwirrungen, Frustrationen und all´ die Gefühle von Sinnlosigkeit.

Wie können wir mit dieser Spannung leben?
Mit dem Vertrauen auf eine Verwandlung, eine Transformation. - Denn: Verwandlung ist möglich!
Diese können wir beobachten an anderen Menschen, diese können wir einüben und selbst erfahren. - Denn es gibt sie, diese Menschen, die geduldig und achtsam, von Augenblick zu Augenblick, - einen Weg des Friedens und der Liebe gehen. Und nicht selten sind diese Menschen Mystiker.
Wir müssen sorgfältig und achtsam nach diesen Menschen Ausschau halten, - denn von ihnen gilt es zu lernen! - Sie weisen uns hin auf das Wesentliche, - eben diesen wichtigen Verwandlungsprozess, in dem wir alle uns befinden.

Einige Beispiele dieser Menschen habe ich genannt – sie können zu Vorbildern werden; zur Inspiration für uns (z.B. Bede Griffith, Charlotte Joko Beck, Thich Nhat Than, Christina Kessler, Roland R. Ropers u.a.).
An anderen Beispielen versuchte ich zu zeigen, dass jeder von uns auf seiner ganz persönlichen spirituellen Reise ist. - Darüberhinaus, so denke ich, ist deutlich geworden, dass wir gemeinsam auf einem Weg sind (vgl. oben auch Ulrich Schaffer und sein Gedicht „Was wir sein werden“).

Denn: wir sind ja nicht allein! - Gemeinsam sind wir unterwegs. Gemeinsam können wir uns auch ermutigen und stärken, inspirieren – trotz aller Hindernisse, Widrigkeiten, Zweifel und Traurigkeiten.
Immer geht es um Verwandlung, - Transformation.
Im Fall eines Aufenthaltes in einem Hospiz kann dies z.B. der Wunsch nach einem letzten Ausflug in die eigene Wohnung sein (auch gegen innere oder äußere Widerstände) … … Oder der Wunsch, ein letztes Mal einer Freundin zu schreiben, bei der ich mich 10 Jahre nicht gemeldet habe … … Oder die Sehnsucht, mich zu versöhnen mit meinem Bruder …, - und auch konkrete Schritte daraufhin zu unternehmen.

Es geht um eine Verwandlung im Leben, - angesichts des nahenden Todes oft besonders intensiv und schmerzhaft zu erfahren. Ein Mensch wird sterben, - aber bevor er/ sie stirbt, soll und darf etwas verwandelt werden: aus Bitterkeit kann Verständnis werden, aus Verständnislosigkeit oder Anklage kann tiefes Verstehen erwachsen, aus „Tod“ kann „Leben“ werden. - „Wahrlich, wahrlich, ich sage euch: Wenn das Weizenkorn nicht in die Erde fällt, und erstirbt, bleibt es allein; wenn es aber erstirbt, trägt es viel Frucht.“ (Joh 12, 24)

Wir leben in einer Zeit großer Veränderungen. - Dies macht Angst und die Gefahr der reinen Verinnerlichung oder auch der weiteren Isolation voneinander ist groß. - Erneute vielfache Grenzziehungen und der Bau von Zäunen und Mauern weltweit scheinen an der Tagesordnung zu sein.

Auf unserem Weg aber, einem Weg der Spiritualität, - werden unsere Füße immer wieder auf weiten Raum gestellt (siehe Psalm 31, 9: „Du stellst meine Füße auf weiten Raum.“).
Verwandlung geschieht letztlich durch mühsame und klein-schrittige Veränderung des eigenen Lebens bzw. der kleinen Gruppe/ dem Beziehungsnetzwerk, in dem wir leben. - Mahatma Ghandi sagte: „Sei die Veränderung, die du dir für diese Welt wünschst.“ - Schon Manche haben sich auf den Weg gemacht: sie sind wie kleine, funkelnde Lichter, in denen sich die Farben des Regenbogens spiegeln.

Unsere Aufgabe besteht – schlicht und anspruchsvoll zugleich – darin, Räume der Stille zu schaffen; Schönheit auch in öffentliche Räume zu bringen[42], - und unsere Schritte, langsam aber stetig und von Augenblick zu Augenblick – auf den Weg des Friedens und der Liebe zu lenken (vgl. Lk 1, 19). - So üben wir Verantwortung, Respekt, Vertrauen, Heilwerden, Hoffnung, Gebet, Meditation, Atmen, Bewegung und Solidarität immer wieder neu ein.

---

42 Vgl. dazu z.B. die Ausführungen von Papst Franziskus in seiner Umwelt-Enzyklika „Laudato Si“.

Dies wollen wir heute tun in großer Offenheit anderen Religionen und Anschauungen gegenüber. - Denn wir wissen und ahnen: Eine verwandelte Welt ist möglich!

Lasst uns mutig und ganz frei aus der Liebe leben und handeln, die die Welt, das ganze Universum und so auch uns zusammenhält! - Denn: „Gott ist die Liebe; und wer in der Liebe bleibt, der bleibt in Gott und Gott in ihm.“ (1. Joh 4, 16)

Literatur:

Charlotte Joko Beck, Einfach Zen, 2011 (amerikanische Originalausgabe: Nothing Special, Living Zen, 1993).
Dies., Everyday Zen. Love and work, Ed.: Steve Smith, HarperSanFrancisco, New York 1989.

Die Bibel. Nach Martin Luthers Übersetzung. Revidiert 2017. Jubiläumsausgabe: 500 Jahre Reformation, Deutsche Bibelgesellschaft, Stuttgart 2017.

Leonardo Boff, Die Botschaft des Regenbogens, Patmos Verlag, Düsseldorf 2002 (Übersetzung aus dem Portugiesischen und Bearbeitung für die deutsche Ausgabe: Horst Goldstein)

Gerhard Breidenstein, Brennende Kerze im Sturm. Mystische Spiritualität inmitten unserer Welt, Publik-Forum, Oberursel 2016.

Bede Griffiths, A New Vision of Reality. Western Science, Eastern Mysticism and Christian Faith, Ed.: Felicity Edwards, Fount, London 1989.
Ders., Die Hochzeit von Ost und West. Hoffnung für die Menschheit, 1983 (engl. Originalausgabe: The Marriage of East and West, 1982).

Willigis Jäger, Klang des Göttlichen. Die Weisheit Jesu. Inspirationen für den Alltag, Hg.: Winfried Nonhoff, Verlag Herder, Freiburg im Breisgau 2017 (2015).

Christina Kessler, amo ergo sum. Ich liebe, also bin ich. Selbstrealisation. Der Weg in eine neue Wirklichkeit, Arbor Verlag. Freiamt im Schwarzwald, Kösel, Kempten 2002.

Papst Franziskus, Die Enzyklika <Laudato Si´> Über die Sorge für das gemeinsame Haus, Herder, Freiburg im Breisgau 2015.

Richard Rohr, Hoffnung und Achtsamkeit. Der spirituelle Weg für das 21. Jahrhundert, Verlag Herder, Freiburg im Breisgau 2017 (amerikanische Originalausgabe: „Hope against Darkness. The transforming Vision of Saint Francis in an Age of Anxiety. 2001).

Roland R. Ropers, Mystiker unserer Zeit im Portrait, topos premium, Kevelaer, Stuttgart, Regensburg 2017.

Ulrich Schaffer, Visions – Gedanken für eine neue Welt. Reflections for a new world, Kreuz Verlag, Stuttgart 2000.

Dorothee Sölle, Mystik und Widerstand. <Du stilles Geschrei>, Hoffmann und Campe, 2. Aufl., Hamburg 1997.

Kathryn Spink, A Sense of the Sacred. A Biography of Bede Griffiths, SPCK, Oxford 1988.

Thich Nhat Hanh, Versöhnung mit dem inneren Kind. Von der heilenden Kraft der Achtsamkeit, O.W. Barth Verlag, München 2011.
Paul Tillich, Korrelationen. Die Antworten der Religionen auf Fragen der Zeit, Hg.: I.C. Hemel, 1975.
Ders., Leben-Werk-Wirkung, Hg.: W. Schüssler, E. Sturm 2015.

Jörg Zink, Dornen können Rosen tragen. Mystik – Die Zukunft des Christentums, Kreuz Verlag, Stuttgart 1997.
Ders., Unter dem großen Bogen. Das Lied von Gott rings um die Erde, Kreuz Verlag, Stuttgart, Zürich 2001.

Printed by Books on Demand GmbH, Norderstedt / Germany